IMPRIMERIE DE V^E JUSTIN DUPUY ET CIE

Rue Gouvion, 20, Bordeaux.

N° 868

DÉCLARATION.

Nous soussignés, déclarons être dans l'intention d'imprimer une lettre ayant pour titre Manifeste Français formant une feuille in 4° tiré à 500 exemplaires, pour le compte de Gratiat — Bordeaux le 22 Xbre 1870

Pour Mme Ve Justin Dupuy.

[signature]

MANIFESTE FRANÇAIS

AU MARÉCHAL BAZAINE

ILLUSTRE MARÉCHAL,

J'ai le meilleur de mon sang sous vos drapeaux ; Dieu soutienne votre épée pour le salut de la patrie. Je jette dans le camp ennemi l'Euménide qui dévorera sa politique de forban, si la presse concourt à l'œuvre de justice : et je vous rends en passant l'hommage du père et du citoyen.

PRIX : 60 CENTIMES.

Se vend chez les libraires de Bordeaux et de Tours.

MANIFESTE FRANÇAIS

RÉPONSE A LA PRUSSE

Comme la civilisation moderne est l'œuvre collective de l'Europe, la Prusse exceptée, il faut que chacun sache l'enjeu qu'il risque, et sa part de responsabilité dans ce guet-à-pens social qui jette un peuple, forgé en engin de guerre, sur un autre peuple, pour écraser sous une avalanche de fer une nation assaillie pendant son sommeil.

Il n'est pas vrai que nous ayons attaqué l'Allemagne ; c'est de la Prusse que l'attaque est partie. Elle est venue fouiller nos casernes, nos magasins, nos arsenaux ; compter nos armes et nos soldats ; corrompre à prix d'or nos ouvriers, nos serviteurs, nos fonctionnaires... et ce n'est pas la guerre ? Vous me demandez l'aumône, mendiant déguisé, pour pouvoir jeter un coup-d'œil dans ma bourse ; vous me demandez du travail, ouvrier espion, pour compter les produits de mes ateliers et venir ensuite marquer à la craie, sur ma porte, le chiffre du rapt que j'aurai à subir ; vous me demandez, secrétaire, un poste de confiance, pour attacher un faussaire au bout de ma main... et ce n'est pas la guerre ? Vous pénétrez dans ma maison pour connaître le nombre et la hauteur des croisées, la force des barreaux, les portes et issues pour me couper la fuite quand vous serez là pour piller et tuer... et ce n'est pas la guerre? Vous prétendez qu'on vous l'a déclarée. Qu'importe un chiffon de papier, quand vous entamiez depuis quatre ans nos moyens de défense ! L'intrus qu'on surprend dans une maison machinant contre les maîtres, est un malfaiteur dans tous les codes de la terre. Son fait, son œuvre, est le commencement d'une entreprise dont les auteurs et complices sont dits assassins et voleurs.

Deux pouvoirs sans vie et sans autorité, deux politiques fatalistes ont besoin de sang : l'une pour grandir, l'autre pour renaître de ses cendres; et voilà deux nations emportées dans une tempête de fer et de feu.

Quatre siècles avant Jésus-Christ, *la guerre avait ses lois comme la paix; les enfants étaient respectés*. Aujourd'hui, femmes, enfants, vieillards, infirmes, bombardés, canonnés, mitraillés, brûlés en masse... La pensée recule.

Quant aux homélies historico-diplomatiques du comte de Bismark sur les annexions de l'Alsace et de la Lorraine, c'est Don Juan ou plutôt Robert Macaire travaillant l'âme naïve de Bertrand. Lorsqu'Henri II et Louis XIV s'attachèrent l'Alsace et la Lorraine, le monde *renaissait*. La France retrouvait le fonds social de l'humanité; elle inaugurait, avec les vérités naturelles, la langue et les arts qui les devaient mettre en circulation dans le monde. La famille européenne se groupait et se constituait par les affinités des idées et les sympathies des besoins.

L'Alsace et la Lorraine, attirées vers la France,

dans le démembrement de l'Allemagne morcelée par une guerre suicide, y trouvèrent le pain et l'abri. Filles de Rome, l'une par la foi, l'autre par les lumières dont le génie classique est la source, elles trouvèrent à nos foyers la seule paternité en état de les défendre. L'Autriche ne promettait rien aux protestants ; l'Allemagne du Nord ne pouvait rien pour les catholiques.

La Lorraine et l'Alsace partagèrent notre vie croyante, morale et civile, et devinrent françaises. Leur proposer en 1870, au lieu du lait maternel la mamelle de l'athéisme, est le fait d'un cerveau malade, ou déréglé. La France est une belle femme à qui M. de Bismark demande trois pieds carrés d'espace dans sa chambre à coucher. Vous pouvez violer Lucrèce, mais vous serez traité comme Tarquin.

Une question de haute moralité plane sur cette guerre de sauvage. Qui nous attaque avec la fureur désespérée du loup que la faim chasse du bois? La Prusse ! D'où sort-elle, comme l'Allemagne du nord? Elle est sortie de nos blessures, pour croître dans notre sang, et vivre de notre génie, à l'ombre de notre drapeau qui plane sur la guerre de *Trente ans*. Que seraient devenus les protestants du Nord, si la France n'eût scellé de son sang les fondements politiques de leur nationalité ?

« Tes père et mère honoreras..... »

Mais est-ce bien l'Allemagne qui nous fait la guerre ? Pour pouvoir protéger les protestants sans cesser d'être catholique ; pour soutenir les catholiques sans être exclusif, comme l'Espagne et l'Italie, il fallait au génie français une lumière supérieure aux courants d'idées qui s'entrechoquaient. Eh bien! qu'on demande à Leibnitz où se trouve le génie complexe qui domine à la fois l'inquisition et l'anarchie ; le philosophe nommera la France. Qu'on demande à Kant quel est l'objet final de la philosophie ; il dira : « *Agis de telle façon que tes actions » puissent servir de règle.* » Qu'on demande à Goëthe quelle est la puissance qui produit la règle, et l'homme social, capable de servir de modèle ; Goëthe nommera l'art français, parce que la *raison en fait le fond* ; et il le proposera pour modèle à ses compatriotes. Qu'on demande à Lessing quel est l'artiste maître dont la main combine, dans les proportions voulues par la poétique du beau, les éléments de l'homme complet; il dira : « *Grâce à » nos aimables voisins, à ces maîtres en fait de » convenances.* »

Parce que nous avons fondé la liberté de conscience, la Prusse croit-elle que Luther soit pour nous le flambeau de l'humanité, ou que nous ne sachions pas la raison de nos œuvres ? Parce que nous avons brisé les maillots de la pensée adulte, croit-elle que nous ayons lancé les peuples mineurs dans les voies perdues de la fatalité ? Détrompez-vous, athées. Un monde se levait, porteur, dans ses formules voilées, de la vérité naturelle : le monde classique ; et comme *la raison a précédé la foi*, le génie classique reste l'appariteur du temple chrétien. Or, puisqu'une lumière nouvelle sortait du sanctuaire, force était de compter avec elle, sous peine d'avoir à condamner l'Eglise qui l'avait tolérée. Donc, l'Allemagne, en se séparant de Rome, rompait en même temps avec le monde des arts, c'est-à-dire avec l'autorité naturelle de direction qui était sa dernière ressource. Dans cette situation, la France, en assurant aux dissidents la liberté d'étudier l'antiquité reverdie à Rome, leur donnait le moyen de revenir, par l'autorité classique, à la raison naturelle ; et, par celle-ci, à la vérité chrétienne, source de la restauration classique.

La liberté n'est pas à elle-même son terme ; elle est la faculté de chercher les conditions normales de la vie ; l'ordre naturel, écrit dans le livre du monde ; de le chercher, dans ses rapports, avec la raison de chacun, et avec les travaux du génie qui interprêta la création. Le protestantisme n'est donc pas un culte, mais la recherche du vrai culte : celui de la religion naturelle. La religion naturelle est déposée dans la matière classique qui enseigne au monde, depuis des siècles, le *vrai* par le *beau*. Et le premier besoin de la société, au temps de Luther, était de dégager les idées naturelles de leur alliage païen, pour rendre à la poésie sa signification primitive ; constituer la raison en autorité doctrinale et ramener par elle le catholicisme à sa nature apostolique. Voilà pourquoi le premier intérêt du libre examen était de posséder les moyens d'investigation nécessaires, les monuments où l'humanité du *vrai*, du *beau* et du *juste* a consigné le fruit de ses travaux.

Mais Luther, ayant débuté par une explosion de passions, dépassa le but, et brisa le luminaire qui devait l'éclairer. Il proscrivit, sans les comprendre, les arts et les lettres, c'est-à-dire les formes classiques de la vérité naturelles, et se sépara par là du véritable principe de la réforme et du progrès. Est-il étonnant que la liberté n'ait pas fécondé ses labeurs là où le moine turbulent ne laissa que ses colères ? Le père du libre examen, c'est Descartes ; le moine apostat n'a mis au monde que l'anarchie. L'un ouvre l'ère des renversements ;

l'autre, le siècle le plus éclatant de l'histoire. C'est qu'au bout de la carrière ouverte par le philosophe, la liberté trouvait son objectif, les formes de l'ordre naturel; tandis que sur le champ de ravage où l'a jeté la négation sans boussole, le protestant ne trouve que la solitude de l'âme et le néant de sa souveraineté. De là les diverses destinées de la réforme. Honoré en France, et cultivé comme le maître de l'enseignement, le génie classique y fait, de la recherche protestante, un progrès continu. Et les disciples de Calvin, éclairés par l'étude, ne craignent pas d'écrire : « Là où fleurissent les arts et » les lettres, là où brillent les images glorifiées de » la nature humaine, là on reconnaît, on nomme la » civilisation. » Et comme le premier témoignage de Dieu c'est l'homme, son chef-d'œuvre et son image là où l'homme s'expose en beau dans le miroir de la poésie, ses affinités avec le christianisme se dévoilent, et le calvinisme reconnaît « qu'il n'est pas » de société possible hors du Dieu personnel des » chrétiens : (Guizot.) » Mais à Berlin, où l'antiquité n'a pas son *Collége de France*, le protestantisme reste ce que le moine l'a fait : un polype dans le corps social; une momie dans un ossuaire. Ici la négation de Luther devient affirmation. Qu'affirme le protestant? la souveraineté de la raison individuelle avec sa lie et ses laves; le despotisme et la servitude. « Au ban de Dieu, les paysans, et de » nos seigneurs les barons. » De qui sont ces paroles ? Du grand apôtre de l'égalité. Mais comme il faut un titre supérieur d'autorité même au despotisme, parce qu'à crier tout haut le règne de la force brutale, les loups se mangeraient entre eux; comme le Dieu de la nature ne parle plus là où ses témoins, les arts et les lettres, sont frappés d'impuissance, le réformateur prussien tranche la difficulté sans le moindre embarras. Il monte dans sa chaire et dit : *Aujourd'hui je vais créer Dieu* (Richte), et nous gouvernerons *par la terreur et la vertu :* (Hégel). Voilà la sagesse qui veut réformer la France et l'Europe.

Quand le roi de Prusse conduisait Châteaubriand dans ses oratoires pour lui faire remarquer les tableaux et les crucifix dont il avait orné les murs, en *faisant honneur de ces innovations au Génie du Christianisme*, il prouvait que si les protestants peuvent apprendre de nous quelque chose, ils n'ont rien à nous enseigner.

Mais la Prusse redoute nos convoitises ; et ce peuple d'agneaux veut brider nos rapacités. N'avons-nous pas fait la guerre d'Amérique pour voler la Silésie ; la guerre de Morée pour voler le Hanovre ; la guerre d'Alger pour voler le Danemark ; la guerre de Turquie pour voler Francfort, La Hesse, Nassau ; pour enchaîner la Saxe, le Wurtemberg et la Bavière ?

Ensuite la Prusse veut arrêter la propagande révolutionnaire. « Le vrai boulevard contre les pas-
» sions révolutionnaires, disait un homme dont le
» renom du comte de Bismark n'a pas encore la
» hauteur et la largeur, ce sont les principes de
» l'ordre, les institutions de l'ordre, les pouvoirs
» forts et réglés. »

Les principes de l'ordre sont dans la religion qui fait l'homme, non dans le culte de l'homme qui *crée Dieu.* Les institutions de l'ordre sont celles qu'a tirées du génie classique le génie chrétien. Ce ne sont pas les gentilshommes des bruyères de Brandebourg qui ont fait nos trois siècles de renaissance. Les pouvoirs forts et réglés sont ceux qui portent les vérités chrétiennes dans l'âme et les formes de la vérité dans leur chair, non comme homme, mais comme institution : foin des athées et des iconoclastes.

La Prusse encore prétend réaliser l'unité allemande. Est-ce par la religion? L'Allemagne du Sud est catholique; l'Allemagne du Nord est protestante. Ce n'est pas l'athéïsme Berlinois qui les mettra d'accord. Le protestantisme, fils de la raison individuelle, veut, pour expression politique, une autorité collective : Vous êtes le droit divin du gantelet et de l'assommoir. Que faites-vous des ministres qui défendent contre vous la liberté de conscience? des prisonniers d'Etat !

Est-ce par la politique? L'Allemagne politique est pour nous et contre nous. Elle sait, à Vienne, que « la France n'est pas une nation, un empire, » mais l'idée vivante de la dignité humaine et de » l'affranchissement de l'humanité. » Elle sait, de Trèves à Berlin, « que la France a conquis le droit » de l'homme en 89; le régime constitutionnel en » 1830, et le suffrage universel en 1848. Et que » sans les aspirations héroïques de cette noble na» tion, le paysan, l'ouvrier, le bourgeois seraient » encore sous le joug de la féodalité. »

Que fait la Prusse des droits de l'homme? le privilége de la schlague et du nerf de bœuf. Que fait-elle de la démocratie pacifique? le professeur Jacoby répond de sa prison. Que fait-elle des droits politiques et du suffrage universel? l'Italie répond en soutenant, à Nice, le plébiscite que la Prusse voudrait lui faire violer. Nous connaissons une Prusse qui vaut mieux que celle de vos protocoles ; qu'en faites-vous? Cette Prusse-là, dit par la bouche de votre reine, *que le vieux monde politique est condamné.*

Or, vous êtes, vous, tout le poison politique du vieux monde. Elle s'honore, cette Prusse qui sait que la beauté française n'est que le rayonnement de l'âme française ; elle s'honore, par ses princes, de commercer avec nos femmes célèbres. Vous, athées de Berlin, vous les promettez en proie aux uhlans. Votre politique est la haine de tout ce qui est beau, grand, droit, honnête.

« Tes père et mère honoreras si tu veux vivre... »

Vous n'aviez qu'une haute et sûre direction de politique à vos foyers, et vous la reniez? Vous n'aviez qu'une grande reine, vertu sacrée, sous la main de Dieu, dans les pénombres du malheur, vous l'insultez ! Et pour venir nous assaillir, à nos foyers, comme des loups affamés, Margraves, Landgraves, Burgraves, Rheingraves, momies de pierre et de fer, vieux temps embaumés dans la vertu arsénicale de ses féodales corruptions (en voilà un, saoûl comme un lansquenet, qui danse, à la sauvage, en regardant Paris qui lui envoie une balle dans la mâchoire) ; vous êtes obligés de fouler aux pieds la tombe de votre reine.

Est-ce par la puissance des idées que le comte de Bismark compte fonder l'unité allemande? Les idées ne valent que par la forme ; la forme sociale des idées, c'est l'art raisonnable et social qui les met au jour. Cet art est en France, non sur les bords de la Sprée. Comptez-vous pour quelque chose les grands génies d'Outre-Rhin?

L'Allemagne savante, c'est Winkelmann, le beau antique ; la France a reçu son legs. L'Allemagne critique, c'est Lessing ; il est des nôtres. L'Allemagne philosophe, c'est Kant; et Kant, par le dernier jet de son génie, c'est l'homme modèle; et cet homme social, c'est l'art chrétien qui le fait.

L'Allemagne poète, c'est Schiller, Klopstokt et Goëthe, dont la tête mesure la plus haute futaie du génie. Eh bien! Goëthe, malgré son génie, ou plutôt par la vertu même de son génie, reconnaît et honore l'autorité de raison générale qu'il voit personnifiée dans l'art français. Que d'homme à homme, et de peuple à peuple, l'un vaille l'autre ; honte et sottise à qui dirait non. Mais il faut une tête à la caravane humaine. La Bible a-t-elle le premier rang à l'Eglise ; Homère au musée; la loi romaine au Forum? Eh bien! celui-là tient la tête de la caravane qui reçut, pour le remettre en valeur, l'héritage de l'antiquité.

Qu'avons-nous tiré pour le bien de l'humanité, de l'héritage des anciens? Nous en avons tiré une religion tolérante, un art social et un code classique. L'art classique et chrétien est le commerce de la raison humaine avec la raison divine, par la médiation des éléments et de l'évangile. C'est l'humanité du génie et de la foi mêlant leur vertu. Il a pour ancêtre le peuple qui reçut la vérité des mains de Dieu, et fonda son culte. Le peuple qui interpréta la création, trouva bonne la vérité révélée, et fit l'homme sur le patron divin : *splendor veri;* le peuple qui vérifia par l'expérience de la vie publique, la vérité biblique et la loi d'Homère, et fit le peuple-personne qui embrassa la terre. Il suit que l'art français condense, sous figure d'homme, la triple révélation de Dieu par Dieu, le génie et la conscience humaine. Il n'existe que par la triple autorité traditionnelle qui règle la foi, la raison et les intérêts; dans ce courant du génie français en qui tous les grands écrivains de l'Allemagne ont deviné l'instrument organique de la civilisation. Nos poëtes sont grands et sociaux parce qu'ils ont des ancêtres ; vous n'avez pas de pères, gens de Berlin, et vous êtes sans poésie. Nous sommes de Dieu, et vous créez Dieu : voilà pourquoi vous n'êtes pas hommes.

Sans doute hors de la lignée classique et chrétienne, la poésie fleurit ; mais l'homme fait défaut, parce que Dieu n'a pas dit : *Ecce homo*. Deux grands génies, séparés des traditions, ont fait l'art hôte exclusif de la terre.

Goëthe a mis aux prises le génie du mal avec l'humanité ; Shakespeare, la force brutale avec la justice. De part et d'autre, Dieu manquant, et la poétique d'Homère, l'homme a succombé. Mais Goëthe n'a pas la prétention de bâtir sur la morale de Mephistophélès l'unité de l'Allemagne.

Enfin la Prusse nous voit idiotifiés par le catholicisme, et veut paternellement nous faire tutelle de son génie. Depuis Luther, la France a produit le siècle de Louis XIV et les citoyens de 89 qui ont changé la rotation du monde politique. Et la Prusse ? elle est devenue nation par la vertu de notre épée ; elle a pris le titre de royauté parce que la France l'a permis ; elle a appris la prière, parce que le *Génie du christianisme* lui a fait voir clair dans le vide du luthéranisme, *inania regna*. Aujourd'hui la reconnaissance borusse vient brûler son bienfaiteur dans son foyer !

Depuis Luther, vous êtes parvenus à la philosophie qui règne *par la terreur et la vertu!* et vous cuvez votre divinité dans sa peau, mais sans remuer sur place.

L'Europe n'a-t-elle pas de salut hors de votre catéchisme ?

Non, le monde n'est pas un bouillonnement de sang et de lave ; uné fermentation aveugle de la matière. Le monde est un art ; œuvre d'un artiste suprême, qui s'est révélé par des témoignages inviolables ; un plan parfait et irrévocable pour le gouvernement du monde social. Ce plan correspond aux instincts universels de l'âme ; et la connaissance de ce plan est tout le secret de notre destinée. Et comme les diverses facultés de l'âme se rapportent au triple instinct du *vrai*, du *beau* et du *juste*, trois témoignages étaient nécessaires pour prouver que l'épanouissement de l'humanité a pour principe une puissance *triple* et *une* qui l'attire pour l'édifier. Voilà pourquoi nous avons une charte des *vérités naturelles*, une poétique du *beau*, une autorité d'*ordre civil* pour régler, féconder, orienter la vie. Et ces trois choses immortelles, maîtresses de l'enseignement social, attestent par leur triomphante durée la supériorité de leur nature, et la réalité du plan divin de l'autre côté de la croix. Si les trois cultes, juif, grec et latin ont failli, par le fait de leur isolement successif, ils n'en sont pas moins restés le germe de la triple renaissance qui est toute la vie de l'histoire moderne; l'ère du *vrai*, l'ère du *beau* et celle de l'égalité civile qui sera la conclusion du progrès. Et la permanence des trois cultes classiques dont les monuments nous écrasent sur le terrain particulier où chacun d'eux a fleuri, tandis que nous les éclipsons par l'épanouissement de l'âme et l'harmonie de ses facutés, prouve la présence divine et le plan divin de ce côté-ci de la croix.

Aujourd'hui nous avons donc à faire un seul culte des trois cultes antiques pour en déduire cette *re-*

ligion philosophique qui sera l'exposition de l'autorité mère des gouvernements.

Si nous devons au christianisme une conception de la fraternité que les anciens n'ont pas connue, nous respecterons en lui la lumière des âmes, l'autorité du for intérieur ; et nulle raison individuelle ne s'élèvera contre le dogme chrétien. Et comme le christianisme ne peut rien, politiquement, sans les arts et les lettres, ici encore toute raison personnelle sera forcée de s'incliner devant l'autorité du génie et des arts devenue l'ostensoir de l'âme chrétienne. Et enfin, puisqu'il a fallu 18 siècles de labeur pour réaliser l'alliance du monde classique avec le monde chrétien, cette alliance n'a pas eu lieu sans médiateurs. Donc, les forces générales hommes et choses, qui ont servi à nouer la fraternité des arts avec la religion, liés à l'autorité des principes, participent de leur vertu. De là sortiront les pouvoirs de droit commun. Nous avons donc à résoudre les problèmes qui versent l'orage au XIXe siècle ; à initier les masses à la connaissance de la nature, de la religion et de l'humanité. Nous avons à prouver contre les pédagogues boursoufflés de la Sprée, que le monde a parlé, comme expression d'une puissance personnelle, et que l'humanité lui fait écho depuis Homère et David.

Nous avons à définir l'autorité qui nous domine tous, l'autorité naturelle, nécessaire et divine de l'art. Nous avons à connaître son titre et sa vertu pour la détermination des formes sociales, pour la production de la fraternité. Quelle forme de société doit sortir de la combinaison du dogme chrétien avec la forme classique ; quels sont ses moyens d'être, socialement et politiquement ? Voilà ce qui reste à faire aux races latines pour la consommation du progrès. Et la lumière sociale qui sortira de ce travail, nous la porterons à Berlin, dans deux ans ou dans vingt ans, comme la Grèce et la Judée ont porté jusqu'à nous le vrai Dieu, et l'égalité; comme le Christ, fils de Dieu, dont la France est le représentant politique, l'a portée au monde des âmes. Si l'orage dure, avec nos travaux, le féodalisme allemand en est la première cause, avec l'athéisme Berlinois. Et la guerre présente n'est qu'un ressaut des turbulences gloutonnières de Frédéric. Mais quand elle travaille pour le genre humain, la France a bien le droit d'être respectée sur son échafaud et non pas fusillée par la Saint-Barthélemy de soudarts et de lansquenets qui hurlent dans la rue.

Le comte de Bismark est le panthéisme fait homme et peuple. Du fond de cet enfer où quatre-vingts ans de tempête entre les traditions et la liberté ont jeté la société rasée comme un ponton, l'athéisme se lève et dit à l'Allemagne : Prosterne-toi pour m'adorer, et je te donne l'empire de l'Europe. Le pangermanisme est la floraison nationale du panthéisme ; c'est la souveraineté des passions transportée dans l'âme d'un peuple jeté hors de ses voies.

A briser la tête de l'idole pour en connaître le contenu, on trouve dans la politique borusse le communisme de tout acabit ; à savoir le renversement à la Babœuf, et le nivellement par le procédé de Tibère ; dominant tout, la haine de Dieu et des hommes, de la religion et des arts. Rome trahie ; la France vandalisée...

Autrefois, Pitt disait au Pape : Nous vous défendrons contre Napoléon ; et Alexandre aux parisiens : *Les Français sont mes amis, Napoléon, seul est mon ennemi; je promets ma protection spéciale à la ville de Paris.* » M. de Bismark change les choses : « *Je suis l'ami de Napoléon, les Français seuls sont mes ennemis : je raserai leur capitale.* »

Le baron Clootz n'avait qu'une corde à son arc. L'athée de cette heure fait le nivellement par haut et bas. Le consort politique de Théroigne n'était qu'un sot et qu'un niais auprès du commanditaire du négrier de Londres. *L'ennemi personnel de Jésus-Christ* est primé par *l'ennemi personnel* de la civilisation française. Ce n'est donc pas la guerre, cette irruption de sauvages qui éventrent la civilisation avec la convoitise pantelante du cannibale qui va manger un blanc. C'est une effluve d'athéisme, de corruption et de brutalité casernière, fermentés dans les mares croupissantes de la sophistique hégélienne. « J'ai une telle rage contre cette na- » tion scélérate, que je voudrais partir. Quand tu » entreras à Paris, tue qui tu rencontreras, tue sur- » tout les curés ; bois du vin, bois ferme. » La brute et l'athée au bout de tout. C'est *la terreur et la vertu* des patenôtres de la philosophie berlinesque.

Qui me dira la patrie de l'Allemand? Nommez-moi cette grande patrie. « La patrie de l'Allemand, » disait Kerner, c'est le pays où un serrement de » main suffit pour tout serment, où la bonne foi » pure brille dans le regard... » La bonne foi du traité de Prague, la loyauté des traîtres, des espions, des judas, des infâmes ! A bas, Germanie, ton titre et ton nom ! l'Allemagne prussifiée n'est plus la patrie des poètes. Les *lieux* de la maison refluant au frontispice, pour en dessiner les arabesques, voilà la politique du comte de Bismark et sa Prusse. Le régent de l'Europe ne voit pas qu'en affichant la prétention de *réduire à l'impuissance l'esprit fran-*

çais, il se met en guerre avec les quarante siècles debout, à Paris, pour affirmer Dieu et l'humanité. L'esprit français, ce n'est pas une idée allemande, russe, anglaise... L'âme de la France, c'est l'idée divine, le Dieu de la bible et de l'évangile ; c'est l'idée classique, l'homme d'Homère et le flambeau des arts ; c'est l'idée romaine, l'égalité devant la loi; les trois sources nourricières de la société, dont la France travaille à composer le culte universel de la fraternité démocratique. Qu'avez-vous à dire, docteurs d'Outre-Rhin?

La Prusse ne voit pas qu'en faisant corner ses menaces par sa démagogie tudesque, elle démasque son plan prémédité de renversement social, et qu'étant surprise dans notre maison, à miner les murs, depuis quatre ans, en exécution de son plan, elle n'est littérallement qu'un malfaiteur qui prépare un vol à main armée, depuis le moment où la trahison et l'espionnage ont commencé. En signifiant à la civilisation française que tous ceux qui la prennent pour quelque chose, ne sont que des imbéciles, le grand chancelier du Nord promet un nouveau luminaire au monde. A-t-il autre chose à substituer à nos trois siècles de génie, qu'une torche d'Erostrate? Ne voit-il pas qu'en faisant d'un peuple un engin de guerre, il ramène la société au fond des bois? Qu'en englobant les innocents dans ses ravages, il donne pour règle nouvelle aux Etats la morale du Dahomé? Quand il brise (ou qu'il veut briser), aux mains de la France, le travail organisé qui tend à équilibrer le monde, que met-il à sa place? Le nivellement de l'ouragan ; le gouvernement de la brute habillée. Où le droit de la force triomphe, que devient l'autorité du droit? Vous pillez pour piller; vous tuez pour tuer. Il ne s'agit pas de défense : vous attaquez la France depuis quatre ans ; ni de haute magistrature à exercer sur la civilisation : la France vous enseigne et n'apprend rien de vous. « Monsieur le Vicomte, venez voir mes oratoires. »

Et votre prétention, Prussiens, de dominer l'Allemagne, non par les idées que vous n'avez pas, mais par la force brute, est la prostitution du caractère, et la mise à la chaîne du génie allemand. Et par ainsi, Gentilshommes, en brûlant nos musées, vous brûlez le code des nations ; en brisant nos murs vous ouvrez la brèche, Catilinas des principes, aux Catilinas de carrefours ; et vous donnez un titre à la théorie du brigandage organisé qui devient par vous la première loi de l'empire. Voilà la politique par qui la société devient *socialisme,* et la communauté *communisme.* Connaissez-vous le dernier mot du tribun, chancelier dictateur ? Voici les masses en présence de la force régnante, de la force sans Dieu et sans loi, pour débattre les conditions du pacte social.

Dans l'association du capital avec le travail, c'est l'ouvrier qui parle, *ma mise prime la vôtre ; et cependant la plus grosse part du dividende est pour vous. Votre fortune m'appartient en vertu des lois.* Hors d'ici le vieux monde. Avez-vous des balles explosibles contre le droit de rigueur ?

Que dirait le *Times* si, un beau jour, en vertu du droit du plus fort, cinq cent mille communistes ou fenians venaient mettre le couteau à la gorge à l'Angleterre en disant : *J'ai le droit de vivre ; à moi ton soleil.* Que ferait Malthus ? Voilà cependant l'avenir où la politique du comte de Bismark pousse le monde.

Le poëte cherche dans le spectacle du monde la

grandeur de Dieu et la vérité de l'homme, et il transporte, dans le gouvernement social, le gouvernement de la nature : c'est la civilisation, c'est la France.

L'athée fouille la matière pour y trouver le secret de la création. Il prend l'impuissance de son génie pour le néant de Dieu ; et il fonde la Société sur la force : c'est la barbarie savante, c'est Berlin.

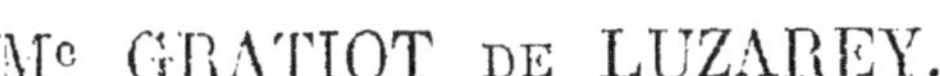

Me GRATIOT DE LUZAREY.

Bordeaux. — Imp. de la Guienne, rue Gouvion, 20.

www.ingramcontent.com/pod-product-compliance
Lightning Source LLC
LaVergne TN
LVHW010310230826
846091LV00007B/3084
9782011776501